Inhalt

Der Siegeszug der Blackberry-Lösung setzt sich fort - Der Mitbewerb schaut nicht tatenlos zu

Kernthesen

Beitrag

Fallbeispiele

Weiterführende Literatur

Impressum

Der Siegeszug der Blackberry-Lösung setzt sich fort - Der Mitbewerb schaut nicht tatenlos zu

M.Westphal

Kernthesen

- Der Handy-Hersteller Research In Motion (RIM) hat sich mit seinem Blackberry-Business-Tool auf dem hart umkämpften Handy-Markt durchgesetzt.
- Die Zukunft für RIM und seine Blackberrys wird hart, da die Attraktivität des Marktes viele Wettbewerber auf den Plan ruft.
- Analysten sehen Blackberry aufgrund

seiner Erfahrung und der Qualität seiner angebotenen Lösung aber weniger durch Mitbewerber gefährdet, als durch Übernahmegefahr.

Beitrag

Der Handy-Hersteller Research In Motion (RIM) hat sich mit seinem Blackberry-Business-Tool auf dem hart umkämpften Handy-Markt durchgesetzt

Der kleine Handy-Produzent Research In Motion (RIM) schaffte es in nur wenigen Jahren zu einem weltweit bedeutenden Hersteller mobiler Business-Tools aufzusteigen. Der Blackberry, der als eigenständiges System mit eigener Software konzipiert ist, macht es möglich, diese Software auch an andere Hersteller zu lizenzieren. RIM bezieht die meisten elektronischen Bestandteile für den Blackberry von der österreichischen AT&S. (3)

Die Blackberry-Handys verdanken ihren Erfolg der Tatsache, dass sie E-Mails automatisch, also als

Push-Dienst, auf das Handy schicken. Der Nutzer muss sich nicht erst ins Internet einwählen, um sie abzurufen.
Dieser Service wird von weltweit fast 80 Mobilfunkfirmen angeboten. (1)

Die Stunde, die Blackberry-Besitzer heute etwa auf die Bearbeitung ihrer mobil empfangenen Mails aufwenden, zahlt sich für ihre Unternehmen aus, da Anfragen an mobile Mitarbeiter zeitnah beantwortet werden können, wodurch Kundenzufriedenheit wie auch Produktivität steigen.

RIM hat im abgelaufenen Geschäftsjahr einen Gewinn pro Aktie in Höhe von 71 US-Cents erwirtschaftet, wohingegen die Finanzanalysten nur 65 Cent erwartet hatten. Trotzdem sank die Aktie, da den Anlegern offenbar die Zahl der Nutzer von Blackberry-Geräten in 2004 von 2,5 Millionen nicht ausreichend erschien. Allerdings stieg der Aktienkurs in den vergangenen zwölf Monaten um rund ein Drittel. Dagegen verlangsamte sich das Umsatzwachstum im vierten Quartal auf 16,8 Prozent im Vergleich zum Vorjahresquartal mit 22,5 Prozent.
Mit einem Umsatz von 404,6 Millionen US-Dollar ist RIM Marktführer auf dem Gebiet des Angebots an Push-E-Mail-Diensten für Handys.
Dabei verkauft RIM eigene Geräte, vergibt aber auch Software-Lizenzen an Handyhersteller wie Nokia und

Siemens. (1)
RIM wird aller Voraussicht nach in den kommenden Jahren Marktanteile verlieren, was bei einem so schnell wachsenden Markt aber nicht zwingend ein Schrumpfen bedeutet. (1)

Die Zukunft für RIM und seine Blackberrys wird hart, da die Attraktivität des Marktes viele Wettbewerber auf den Plan ruft

RIM wird eine relativ schwierige Zukunft vorausgesagt, da es eine ziemlich kleine Firma in einem großen Marktsegment ist. Von diesem Markt möchten auch andere Mitspieler profitieren, so versuchen z. B. Microsoft und Hewlett-Packard mit eigenen Lösungen vergleichbaren Kundennutzen zu bieten. (1)
Der Treo von Palmone ist immerhin in der Lage, in regelmäßigen Abständen automatisch nach neuer Post zu sehen. Die Blackberry-Server sind hierfür nicht notwendig. Angehängte Word- und Excel-Dateien lassen sich lesen und auch bearbeiten. (4)
Da der Patentschutz dieser RIM-Technologie in Europa nicht gilt, entwickeln andere Hersteller und Mobilfunkbetreiber in Europa eigene Varianten. (7)

Immer mehr Nachahmer treten auf den Markt, die die Blackberry-Lösung überflüssig machen sollen. So hat Vodafone zur CeBIT ein eigenes Verfahren vorgestellt, ebenso wie die Firma Intellisync, die das Backend der RIM-Lösung ersetzen sollen. (4) Mehr Konkurrenz für RIM dürfte aber von kleinen Startup-Firmen ausgehen, die zwar noch nicht die Technologie und den Service von RIM böten, aber sich entsprechend auch ihre Nischen suchen dürften. (1)

Aber auch Rivalen kooperieren, um sich gegen die Vormachtstellung von RIM durchzusetzen. So wollen sich die beiden Wettbewerber im Bereich Handysoftware Microsoft und Symbian einigen, dass Handys mit Symbian-Betriebssystem Zugriff auf Daten aus den Microsoft-Exchange-Servern erhalten. Symbian ist (im Gegensatz zum bisher im Bereich Handybetriebssysteme relativ erfolglosen Microsoft) Marktführer im Bereich Betriebssysteme für sogenannte Smartphones (Handys mit Kalender-, Kontakt- und E-Mail-Funktionen).
Die Lizenzierung des Activesync-Protokolls von Microsoft an Symbian ermöglicht Lizenznehmern des mobilen Betriebssystems von Symbian den Abgleich mit Exchange-Servern über die Luftschnittstelle. (5) (8)

Auch Hewlett-Packard als Pocket-PC-Marktführer

setzt auf Smartphones und plant mobile E-Mail-Geräte. So soll noch in diesem Jahr ein Konkurrenzprodukt zum erfolgreichen Blackberry-Gerät von RIM auf den Markt gebracht werden. Im Gegensatz zu Unternehmen wie Nokia, Siemens oder Palm will Hewlett Packard die RIM-Technologie nicht lizenzieren, sondern seinen HP iPaq Mobile Messenger mithilfe der Goodlink-Technologie des RIM-Konkurrenten Good Technology betreiben. Man geht davon aus, dass dieses Angebot aufgrund der Größe des Marktes nicht zu spät kommt. (9)

Analysten sehen Blackberry aufgrund seiner Erfahrung und der Qualität seiner angebotenen Lösung aber weniger durch Mitbewerber gefährdet, als durch Übernahmegefahr

Nicht alle Analysten teilen die Ansicht, dass die Microsoft-Lösung ein RIM-Killer würde. Da die Kunden sich vor allem aus Unternehmensseite und staatlichen Stellen rekrutieren, würde ein sicherer und zuverlässiger E-Mail-Dienst verlangt, der zudem noch einen mobilen Transfer von Firmendaten erlaubt. Diese Services können von RIM mit seinen Blackberrys am besten gelöst werden. Denn die Domäne von RIM ist kein billiger E-Mail-Dienst für den Massenmarkt. (1)

Aufgrund des nachhaltigen Erfolgs von RIM und seinen Blackberrys ist der Hersteller aber auch ins Visier von Nokia geraten. Der finnische Marktführer im Bereich Mobiltelefone erwägt angeblich eine Übernahme der kanadischen Firma RIM. (3)

Fallbeispiele

Am 10. Mai wird der amerikanische Software-Riese Microsoft eine Frontalattacke auf RIM und seine Blackberrys starten. Es wird an diesem Tag in Las Vegas eine neue Software unter dem Codenamen Magneto vorstellen, die den mobilen Zugriff auf E-Mail, und Office-Anwendungen wie Powerpoint in Echtzeit ermöglicht. Blackberry hingegen ermöglicht zwar das Lesen von Office-Dokumenten, aber keine weitere Bearbeitung dieser.
Diese neue Microsoft-Software soll in Microsoft-Exchange-Servern integriert werden und ebenso wie die RIM-Software, die auf dem Firmenserver

eingehenden E-Mails automatisch an die entsprechenden Mobiltelefone und PDAS weiterleiten.
Im Rahmen der Blackberry-Lösung müssen Unternehmen einen eigenen Server einrichten, der den Push-E-Mail-Dienst verwaltet. Dieser Blackberry Enterprise Server (BES) wird hinter der Firewall installiert und stellt eine sichere End-to-End-Verbindung zwischen den Handhelds und dem Netzwerk dar. Dafür kassiert RIM darüber hinaus Verwaltungsgebühren. Dieser Server und die damit verbundenen Kosten wäre bei der Microsoft-Lösung nicht notwendig, da nahezu alle Unternehmen der Welt bereits mit Microsoft-Exchange-Servern arbeiten.

Weiterführende Literatur

(1) Blackberry-Hersteller von Nachahmern bedrängt aus Süddeutsche Zeitung, 20.04.2005, Ausgabe Deutschland, S. 30

(2) Blackberry-Hersteller RIM enttäuscht mit verhaltener Prognose Quartalsumsatz liegt unterhalb der Analystenerwartungen · Aktie gibt nach · Finanzchef verweist dennoch auf starken Kundenzuwachs
aus Financial Times Deutschland vom 07.04.2005, Seite 4

(3) Nokia spitzt auf den Blackberry-Erfinder RIM
Handybranche: Hartnäckige Gerüchte um
Übernahme des kanadischen Handyerzeugers
aus WirtschaftsBlatt, 06.04.2005, Nr. 2338, S. 122

(4) Konkurrenz belebt
aus Frankfurter Allgemeine Sonntagszeitung,
27.03.2005, Nr. 12, S. 54

(5) O. V., Microsoft und Symbian attackieren
Blackberry, Spiegel Online, 22.03.2005
aus Frankfurter Allgemeine Sonntagszeitung,
27.03.2005, Nr. 12, S. 54

(6) SMS verliert Nimbus Manager schwören auf E-Mails vom Handy aus
aus Allgemeine Zeitung vom 19.3.2005

(7) Welches Mobil-Betriebssystem solls sein?
aus Computerwoche, 11.03.2005, Nr. 10 Seite 50-51

(8) Microsoft verleiht Symbian Flügel
aus Computer Zeitung, Heft 13, 2005, S. 1

(9) Hewlett-Packard fordert Blackberry heraus
aus Computerwoche, 11.02.2005, Nr. 6 Seite 5

(10) Motorola startet Produktoffensive zur Cebit
Linux funkt bald auch in Europa vom Handy
aus Computer Zeitung, Heft 5, 2005, S. 6

Impressum

Der Siegeszug der Blackberry-Lösung setzt sich fort - Der Mitbewerb schaut nicht tatenlos zu

Bibliografische Information der deutschen Nationalbibliothek

Die Deutsche Nationalbibliothek verzeichnet diese Publikation in der deutschen Nationalbibliografie; detaillierte bibliografische Daten sind im Internet über http://dnb.d-nb.de abrufbar.

ISBN: 978-3-7379-0304-2

© 2015 GBI-Genios Deutsche Wirtschaftsdatenbank GmbH, Freischützstraße 96, 81927 München, www.genios.de

Alle Rechte vorbehalten. Dieses Werk ist einschließlich aller seiner Teile – z.B. Texte, Tabellen und Grafiken - urheberrechtlich geschützt. Jede Verwertung außerhalb der Grenzen des Urheberrechtsgesetzes bedarf der vorherigen Zustimmung des Verlags. Dies gilt insbesondere auch für auszugsweise Nachdrucke, fotomechanische Vervielfältigungen (Fotokopie/Mikroskopie), Übersetzungen, Auswertungen durch Datenbanken oder ähnliche Einrichtungen und die Einspeicherung und Verarbeitung in elektronischen Systemen.